MINISTÈRE DE LA GUERRE

RÈGLEMENT DU 29 JUILLET 1884

MODIFIÉ

par décision du 15 avril 1894

SUR

L'EXERCICE ET LES MANŒUVRES DE L'INFANTERIE

MODIFICATIONS A APPORTER

au **TITRE V.** — **École de Régiment.**

PARIS
LIBRAIRIE MILITAIRE DE L. BAUDOIN
IMPRIMEUR-ÉDITEUR
30, Rue et Passage Dauphine, 30

1894

MODIFICATIONS

A APPORTER AU TITRE V.

Les modifications ci-après seront apportées, dès à présent, au titre V.

La revision de la partie du Règlement relative au combat de la division est provisoirement ajournée. Un nouveau tirage du titre V fera l'objet d'un envoi ultérieur.

MODIFICATIONS

A APPORTER AU TITRE V.

Page 6. — N° 4. Ajouter à la suite du numéro :

En outre, en présence de l'ennemi, les commandements prononcés d'une voix ferme et assurée sont un moyen de fortifier le moral du soldat. Le Colonel en fait usage dans les circonstances difficiles, toutes les fois qu'il le juge utile.

Page 17. — Supprimer le renvoi qui se trouve au bas de la page (voir les planches, etc.).

Page 22. — N° 39. Ajouter à la suite du n° 39, les alineas suivants :

Si l'objectif à atteindre n'est pas visible du point de départ ou si sa disparition pendant la marche rend cette dernière incertaine, la direction ne peut être assurée qu'au moyen de la boussole.

Son emploi est indispensable aussi pour obtenir le parallélisme entre les bataillons.

Le maniement de la boussole doit être rendu familier à tous les officiers et particulièrement aux officiers chargés de la conduite des éclaireurs. Quelques sous-officiers et même quelques caporaux par compagnie seront exercés, de jour et de nuit, à marcher longtemps dans une direction donnée à l'aide de la boussole (1).

Supprimer les renvois (1) et (2) et leur substituer le renvoi (1) suivant :

(1) Pour opérer avec une précision suffisante, la boussole à employer doit avoir un diamètre d'au moins quatre centimètres, et être munie d'un appareil de visée.

Quand il y aura lieu de déterminer d'avance une direction sur la carte, on ne devra pas oublier de tenir compte de la déclinaison.

Page 23. N° 41. Nouvelle rédaction du troisième alinéa :

Les chefs de bataillon et les capitaines des deuxième et troisième lignes mettent pied à terre au moment où leur bataillon a pris sa place dans le dispositif de combat (1).

Renvoi (1). Nouvelle rédaction.

(1) Il en est de même à l'instruction.

Le colonel prend des mesures pour sauvegarder, pendant le combat, les chevaux des officiers qui ont mis pied à terre et pour assurer leur retour immédiat à leurs détenteurs dès que l'ordre en sera donné. Généralement les chevaux sont conduits à proximité des voitures de compagnie.

Page 24. — N° 43. Nouvelle rédaction.

Pendant le feu à répétition et à moins que des circonstances favorables ne permettent à la première ligne de brusquer le dénouement avec ses propres forces, la deuxième ligne, en totalité ou en partie, rejoint la ligne de combat.

L'assaut est donné sur l'ordre du général de brigade, au signal et sous la direction personnelle du colonel, drapeau découvert au centre, les officiers au premier rang.

Pages 24 et 25. — N° 46. Nouvelle rédaction :

Le rôle particulier de chacune des trois lignes est défini au n° 35 du présent titre.

Les troupes de la troisième ligne, dissimulées autant que possible, sont amenées progressivement vers le point sur lequel le colonel veut faire l'effort décisif.

Il n'est pas possible de préciser les formations que les réserves doivent prendre pour l'assaut; elles varient avec les circonstances, le terrain et l'effectif dont on dispose. Cependant y aura généralement avantage à employer les petites colonnes qui, bien dans la main du chef, sont dirigées avec facilité et se déploient rapidement.

La ligne de colonnes de compagnie à intervalles de déploiement et la colonne double ouverte répondent le mieux à ces conditions.

Quelques-unes de ces compagnies, particulièrement les compagnies des ailes, peuvent être formées en colonne à distance entière; elles ont ainsi la faculté de se déployer dans diverses directions pour faire face à une contre-attaque et, si elles ont à se déployer face en avant, elles le font sans passer par la colonne de compagnie.

Planches. — Les planches V, VI, VII, VIII et IX sont supprimées.

Paris. — Imprimerie L. Baudoin, 2, rue Christine.

A la même Librairie

Manuel de guerre. — *Le combat*, par un lieutenant-colonel de l'armée active. Paris, 1889, 1 vol. in-16 de 1200 pages avec nombreuses figures, broché.......................... 7 fr. 50
Relié en peau chagrinée.................. 9 fr.

Quelques indications pour le combat ; par le général **Ferron**. 5e édition, revue et augmentée. Paris, 1892, broch. in-8 avec croquis et plans. 1 fr. 50

De l'instruction tactique des officiers, par le général **G...** (Extrait du *Journal des sciences militaires*). Paris, 1893, 1 vol. in-8.......... 2 fr. 50

Éléments de la guerre. — Ire partie : *Marches, Stationnement, Sûreté ;* par le colonel L. **Maillard**, breveté d'état-major, ex-professeur de tactique générale et du cours d'infanterie à l'Ecole supérieure de guerre. Paris, 1891, 1 fort vol. gr. in-8 avec figures dans le texte et un *Atlas* comprenant 28 grandes planches.............................. 12 fr.

Les armes à feu portatives des armées actuelles et leurs munitions, par un **Officier supérieur**. Paris, 1893, 1 beau volume in-8 avec 131 figures ou planches................ 6 fr.

Traité des reconnaissances militaires, ou reconnaissances et description du terrain au point de vue de la tactique, à l'usage des officiers d'infanterie et de cavalerie ; traduit de l'allemand, par L.-A. **Unger**, professeur. Paris, 1880, 1 vol. in-8....... 7 fr. 50

Instruction élémentaire sur la topographie, à l'usage des officiers, des sous-officiers proposés pour l'avancement et des engagés conditionnels d'un an, d'après le programme fixé par la décision ministérielle du 30 septembre 1874 ; par Ed. **Rouby**, lieutenant-colonel d'état-major. 3e édition, revue et augmentée d'une table analytique. Paris, 1893, 1 vol. in-18, avec figures et planches.................... 3 fr.

Paris. — Imprimerie L. Baudoin, 2, rue Christine.

www.ingramcontent.com/pod-product-compliance
Lightning Source LLC
LaVergne TN
LVHW012024170826
845678LV00004BA/1628

* 9 7 8 2 3 2 9 6 1 8 6 4 7 *